A Tom, Sarah,
Nigel, Sabrina i Kim
pel seu generós ajut
i consell

Títol original: *Mummy Laid an Egg*
Traducció: Pilar Jufresa

First published in 1993 by
Jonathan Cape Ltd, 20 Vauxhall Bridge Road, London SW1V 2SA

Babette Cole declara el seu dret moral
a ser identificada com autora/ilustradora d'aquesta obra

© Babette Cole 1993
© Ediciones Destino, S. A., 1993
Provença, 260. 08008 Barcelona
www.edestino.es
Primera edició: abril 1993
Segona edició: setembre 1994
Tercera edició: setembre 1998
Quarta edició: octubre 2001
ISBN: 84-233-2289-0
Imprès a Singapur - Printed in Singapore

La mamà va pondre un ou!
o com es fan els nens

Babette Cole

Edicions Destino

"Bé", van dir el papà i la mamà.
"Ens sembla que ja és hora
que us expliquem

com es fan els nens."

"D'acord", vam dir nosaltres.

"Les nenes són fetes de sucre, de mel
i de caramel", va dir la mamà.

"Els nens són fets de cargols, de cap-grossos
i de cues de gossos",
va dir el papà.

"Alguns nens, els porta la cigonya,
o els dinosaures."

"Es poden fer
de massapà",
va dir la mamà.

"A vegades els troben sota de pedres", va dir el papà.

"Es poden fer néixer plantant llavors en testo

l'hivernacle", va dir la mamà.

"O senzillament els traiem
d'uns tubs d'una pasta especial."

"La mamà va pondre un ou al sofà", va dir el papà.
"L'ou...

va explotar."

"I vosaltres vau sortir disparats."

"Hi, hi, hi!, ha, ha, ha!, hu, hu, hu! Quines bestieses!",
vam dir nosaltres, rient. "Però per poc ho encerteu
quan parleu de LLAVORS, del TUB i de l'OU."

"Ens sembla que no sabeu com es fan els nens de debò. O sigui que ara us farem uns dibuixos per ensenyar-vos-ho."

"La mamà té ous.
Els té dins de la panxa."

"I el papà té llavors
en unes bosses fora
del seu cos."

Això encaix

"El papà també té un tub. Les llavors surten de les bosses per aquest tub."

qui dins

"El tub entra a la panxa
de la mamà per un foradet.
Aleshores les llavors entren
nedant amb les seves cues."

"Aquí veiem algunes
de les maneres

d'ajuntar-se els papàs
i les mamàs."

BOTI
BOTA

"Quan les llavors són dins de la panxa de la mamà comencen la Gran Cursa per l'Ou."

"El nen es va fent gran.

La mamà es torna grassa

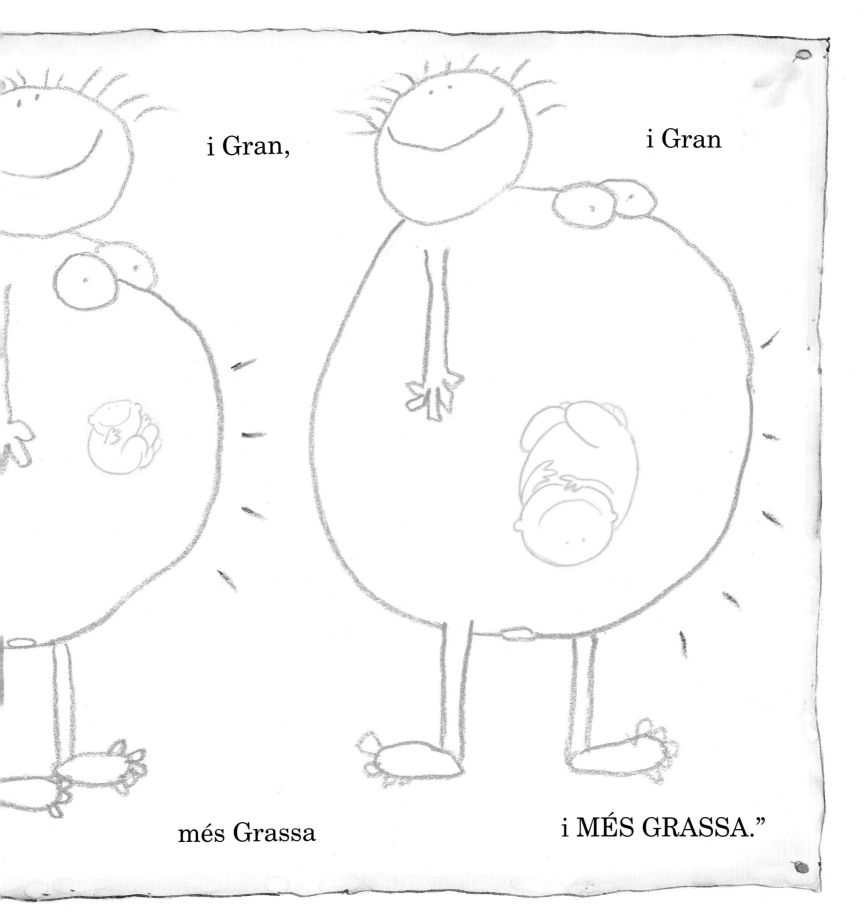

i Gran,

i Gran

més Grassa

i MÉS GRASSA."

"Quan el nen ja és a punt,
surt a fora."

"O sigui que ara VOSALTRES
ja sabeu com...

...I tots els altres també!"